Círculo Rojo

Bajo La Luz De Acuario

Poemas

Bajo La Luz De Acuario Poemas

ALFONSO ORTEGA TOMÁS

Círculo Rojo
EDITORIAL

Primera edición: octubre 2023

Depósito legal: AL 2518-2023

ISBN: 978-84-1199-261-9

Impresión y producción: Editorial Círculo Rojo

© Del texto: Alfonso Ortega Tomás
© Fotografías: Las imágenes del interior son de pixabay y las del exterior de deposiphotos.
© Diseño: Alfonso Ortega Tomás
© Maquetación y diseño: Equipo de Editorial Círculo Rojo

Editorial Círculo Rojo

www.editorialcirculorojo.com

info@editorialcirculorojo.com

Impreso en España - Printed in Spain

Mi agradecimiento y felicitación a los autores de las imágenes por tan hermosa labor creativa, muestran tener la sensibilidad y capacidad de saber captar toda esa belleza que fluye en libertad. Mi agradecimiento por permitir que pueda hacer un limpio y libre uso de ellas en donde las podamos admirar.

Gracias, gracias, gracias a todos.

Igualmente mi felicitación y agradecimiento a los autores de deposiphotos por las imágenes que lucen en las portadas.

Índice

Nota del autor

Esta obra es un haz de poemas; en cada uno de ellos se encierra una emoción en su mensaje. Cumplen la labor de transmitir en la musicalidad de sus rimas una sutil vibración de fondo, que induce al deleite del ser interno, para desde el poso de serenidad que dejan con su mensaje reflexionar, valorar y agradecer a Abba y Creador ser parte de la vida, poder colaborar con nuestra labor y aprender de ella a amar todo lo creado, así como a movilizarnos en la búsqueda de toda esa belleza poética que nos toca, despierta y alegra con su sensibilidad el alma y nos acentúa el deseo de conocer y comprender las leyes y principios que rigen la vida toda, tanto en la dimensión física como en la espiritual, los cuales, al transmitirnos la sabiduría, el amor, la justicia y el poder que desprenden, nos dilatan el alma y la conciencia, abriéndonos la mente al mostrarnos venturosos horizontes, por donde podemos vislumbrar nuevas perspectivas de nuestro mundo personal y del vasto campo universal que nos envuelve y que abarca el constante fluir de la vida en el todo.

Fluye en mi interior al escribirlos el sano deseo de que estos poemas sirvan de estímulo para profundizar en los entresijos de la vida toda y ayuden a descubrir que el amor es la ley suprema y la quintaesencia del Padre-Madre Creador; que en lo que llamamos *muerte* no termina la vida; que el alma, como la mariposa tras la muerte escapa de su envoltura terrena y libre, vuela a su morada espiritual; que todos somos chispas divinas, partes del todo; que este planeta azul que orbita por los espacios sin coto, cual cisne alado dejando su poética estela, es nuestra morada y escuela terrena, pues somos obras inacabadas en constante proceso de perfección, y que el progreso integral del ser y la armonía con nuestro entorno solo podremos hallarlos y mantenerlos con la progresiva asimilación y acomodo de nuestro pensar, sentir y actuar dentro de las leyes eternas e inmutables de la vida puestas por el Creador, que son las que rigen y dirigen por encima de cualquier fuerza e interés personal o partidista la evolución de los mundos y humanidades, que habitan el universo y que en su constante caminar y progreso van de regreso a su fuente divina.

Doy las gracias y la gloria a Ab-bá por ver este poemario hecho una realidad palpable y visible a nuestros ojos, y por los momentos de inspiración, creatividad, aprendizaje y feliz emoción que he vivido y sentido al crearlos y escribirlos bajo la luz de Acuario.

Alfonso Ortega Tomás
Jumilla, a 9 de junio de 2023

1. Prólogo

Este vendaval de ideas
ondula turquesas sobre la mar,
donde las ondinas erizan espumas
rizando rizos de sal en sus rimas
sobre las ninfas olas del mar.
Es cual bando de gaviotas
a las que les da el papel,
alas por querer llegar
a ti, a este y aquel,
libres, sin fronteras,
donde el sentir espera
la primavera que estoy
queriendo compartir hoy,
los ecos que escaparon ayer
hacia las auroras del porvenir.
La creatividad vistió poemas
que yo entallé a mi estilo y manera,
cual sastre, que con el arte de las estrofas
entretejí estas hojas que con la vida riman;
páginas que rezuman de mi pecho
y que desde la mente vuelan.

Siendo consciente al escribir
de qué escuela, camino y esmeril
es la vida que nos pule al ir
de regreso a nuestro hogar.
Soy como tú y como todos,
un alma más en el fluir
de la vida en el todo:
así de sencillo, sin más.

2. A Miguel Hernández

A Miguel Hernández, quijote y gran poeta,
que, con la yunta del sudor y el talento, en el arte de la letra
plantó una pica de laurel en Flandes con arrojo y corazón;
en alas de poesía elevó su voz, voz que vocean los vientos,
con aliento y sin ocaso, y su eco vibra en el Parnaso.
La sinrazón se hizo el estoque de tu horror
y echó a la senda de tu vida una cruz de amarga hiel;
fiel, te venciste a tu ideal y ella hacia una cárcel te
arrojó,
donde en calvario de olvido, el bacilo se hizo huésped
en tu piel.
Como el toro fuiste herido y como el toro fuiste noble
y perseguido.
Eres cual céfiro en desencadenado arrullo, un lirio del
valle sencillo,
ue vives derramado en la lírica de tus rimas sin querer
dar celos
a los que hicieron épica tu vida, por eclipsar tus versos
con sus velos.
Tu ser lo vistió de luz con su capa el rayo, lo forjó el
amor y lo templó la pena.

Inspirado bajo el albor de la luna bebiste bien
temprano en las fuentes de Castalia
y ella regó tus poemas sabiendo que en los huertos de
tu ser el géiser de tu azucena,
daría libertad por los veneros de tus venas a versos que
son la espuma de tu savia.
Ya nadie puede amurallar tu voz, los vientos esparcen
el corazón de tus poemas
en toda la creación y tu creación se agranda alhajada en
la corona de tu sudor.
En tu mar se siente el oleaje de las musas suspirar
y en tu sentir a las aladas almas de las rosas repetir,
cual retoños de tu savia, que son, con el alma de tu voz,
después del amor, la tierra. Pero solo por amor…

12—2002

16

3. Es el amor

La más bella aurora,
un dulce despertar que viste el día,
con mixturas en flor de sonrisa alegría
y boreales de luz, cual rosicler de amapola.
Derrite el amor en sus orientes de ternura
los glaciares del alma, atempera su frío
y en el resplandor de un lleno de luna
cierne sus aureolas sobre el correr del río
de la vida y, al flotar sobre sus espumas,
alegres van sus corolas y una a una
van dejando lisuras en el lecho,
hasta que en el cáliz de tu pecho
de etéreas emociones cual mixturas
nazcan, como nacen de los ríos, sedas de espuma.

4. Un obsequio del Parnaso

Quise hallar en las estelas de un poema unos versos sin
ocaso,
una estrella en firmamento que brillara sirio entre las
artes,
y probé de las mieles del laurel en los jardines del Parnaso.
Busqué en la poesía que rezuma de las letras su
estandarte
y hallé elegías de silencio, en poemas y sonetos, sin voz
ni eco;
los vi rutilar reclamando su lugar a los censores de las artes.
Vi una luna clandestina entrar por cuchillos de ventana,
cuando Calíope inspiraba poemas sobre la madrugada,
hasta que las glosas del sueño vencían con su desmayo
el tallo de los poetas que caían rendidos en sus dédalos,
cuando los marlines del alba con el azul de sus lanzas
vencían las sombras, y desde ese azur vi sobre las auroras
a la joven Eco cerner su elocuencia poética en las boreales,
emperlando así de oníricos rocíos las serenas vigilias del
alma.
Vi a Lope, a Whimant y Garcilaso, a quienes el mundo
les dio su abrazo,
presos de las musas y los lazos del zen del agua con sus
versos vivos.

Vi a Apolo sembrando rimas con verso libre en el
hogar de Hera,
causando en Dafne la emoción, y el lloro en el laurel
que es ella,
y en su alma vi los tiernos brotes y oí una música de
esferas.
Vi a Machado escribir su elegía a los pies del glacial
Moncayo
con una pluma de gladiolo albor en la juventud de mayo
y la tinta fiel de sus lágrimas por el amor llorado.
Vi afines, en manantial de rosas, a Minerva y a
Hernández regalados;
ella elevada y él inclinado ante un alejandrino por su
pluma liberado.

Vi a Rumí y a Teresa revelar entre sextinas el alma con
la luz de sus rimas
y vi a las musas enseñar a Homero a ver la vida con las
drusas de sus ojos ciegos.
Quise preguntar a todos, pero me sobró pudor, me
faltó osadía
y seguí la malva estela que la aurora marca hasta la paz
de un pazo,
donde cantaba retazos de manidos poemas, cual
alondra, Rosalía.

Apenas oí sus pasos, le recitó el ocaso de mi silencio la
copla de mis anhelos,
y así me habló ella: «Busca entre la lírica azucena en las
altas alacenas
de Guernesey, donde Víctor Hugo vertió el alma y
acrisoló poemas,
y dales de la poesía que destilan los relatos nacidos del
Parnaso,
dales de las rimas de su mena una gema que brilla entre
sus sirios.
Lira de los lirios, dales a leer *La leyenda de los siglos*.

Agosto de 2017, en Jumilla

5. Mujer

Primavera te condensa en flor de loto,
vega y foco de alegría que se enciende
como el día en la aurora de sus fuentes.
Sol naciente es tu ser frente a los lutos.
Te hizo estrella, al derramar lo absoluto
sobre tu pecho de emoción y de cantares
la rosa de Sharon y la luz de Antares
por ver una flor de lis, lucir en su infinito.

Se funden corazones en galope de alazanes,
tu vientre se concibe y das la vida como fruto
de tu cáliz y rezuman las corolas de tu busto,
el amor y la pasión como los cidros en azahares.

Radiestesia lo profundo de tu ser lo más oculto
de la vida y embelleces sus más amplios confines.

6. Los más bellos poemas

Se escriben con aguas de vida
en el alma y, sin saber por qué razón,
allí hacen cauce, ungen sanando heridas
y libres emanan como los veneros del corazón.
Son aquellos que ni la pluma del más puro ingenio,
ni Atenea, ni las musas del Parnaso, ni arte, ni genio
pudieron inspirar con la sola palabra al mayor de los poetas.
Son los que por su inefable belleza no los representan las letras
y se liberan al éter en un géiser de emoción con honda rima;
ciernen la poesía más pura y viva, como de cálices aromas.
Van escritos en el pergamino de unos pétalos sedientos
que quieren saciar su sed de amor en un beso eterno
y dejar fluir del corazón en el crisol de una lágrima
la feliz emoción que anega el alma y nos da la vida.
Van en una labiada sonrisa y en el embeleso que vaga
prendido al recuerdo de un amor que no se acaba
con la vida, sino que crece, reverdece y se renueva
con el rocío de saber que, tras la muerte, vivo espera.
Son poemas que a solas el alma recita y los labios callan,
que tan hondos brotan que nos dejan estremecida el alma,
nos acristalan los ojos y en suspiros liberan cuanto callan
y tantas veces, tantas, varados se quedan en la garganta.
Pobres quedan las rimas, lo inefable no lo expresan palabras.

¿Por qué?, ¿quién puede transmitir fielmente en una oda las notas
de aroma que libera la rosa de su cáliz al dar su amor a mayo?
¿Quién puede reflejar fielmente en sus sextinas el dolor y el estaxis
de amor que embriaga el ser antes de tocar el cielo con
desmayo?
¿Quién puede capturar en un poema la emoción sutil de esa flor?
¿Quién puede capturar y diluir el perfume que derrama
el corazón en unas rimas y que estas nos acaricien el alma
y nos evoquen fielmente esa sublime esencia con su melodía?
Sentimos esa sutil poesía cuando otra alma en su pulsión exhala
su emoción y nos llega como la sal que vaga en las brisas del azul,
con el mismo aroma turquesa que rutila del alma de una estrella,
cuando sus notas de luz horadan el corazón zafir de una gema.

7. ¡Lázaro, levántate y anda!

Cuando el alma en espinas sangrando
es tajada y postrada en su suerte,
llora yerros y engaños de muerte
en silencios que gritan callando.
Postrada, pero con fe volando,
anhela y siente con paso inerte
volar su aurora libre y celeste,
hacer camino y seguir andando.
Un hondo grito de orquídea en canto
aviva el alma anegando con sal de llanto
el grito en eco, que el ser agranda.
Lázaro, levántate y anda,
y haz tu senda, aunque haya espanto,
que flor y espina, son vida y canto.

8. Dejadle al corazón

Que, donde no alcanza la razón
ni claveles de pasión ni temores,
llega él con el perdón y sus amores.
Dejadle al corazón que sane con la luz
divina del amor y la paz turquesa del azul.
El corazón, el único que sabio sabe elevarse,
alado de compasión y volar sin humillarse.
Solo él tiene la grandeza de entregarse
para que nuestra llama nunca muera.
Él transforma lo vano de las cosas
en un fanal de emociones y rosas,
sublimando el ideal más grosero
hasta elevar la letra al verso y la prosa
con la llama violeta en el hogar del alma,
donde moran el yo soy, el amor y la conciencia.
Imponte, corazón, cuando el torbellino de la sinrazón
acose mi mente e intente nublar las luces que la adornan.

Grítame tú, fiel jardinero, sin ceder a mi ciega impaciencia
y dame la rosa de Sharon del perdón y al amar inocencia,
porque, aunque lo intenta, aún no ha alcanzado la ciencia
a sanar las almas con tan solo amor; dejadle al corazón,
que donde no alcanza razón, alcanza él, con su ciencia.

En él habita la llama divina, el yo soy del corazón;
es el hogar de la vida hasta que se quiebra el cordón
plateado y gorrión el alma vuela como de la flor
su esencia. Dejadle al corazón.

Marzo de 2009

9. Paisajes de infancia

De la infancia toma su origen la dulzura,
sus néctares llevan las alburas de los cielos,
su inocencia va enjambrada a un fino velo,
que miela la vida de todas las criaturas.
Como onda sobre el éter que navega,
corre y juega cual venero por los suelos;
vive y sueña en su universo, que es gemelo
de un velero que navega cual cometa por su cielo.
Enfrenta los dragones a la grupa alada de Pegaso,
afrenta a piratas en los siete mares de crestas turquesa
y tras las fresas del ocaso se sueña rey o princesa.
Su imagen infantil es la de un céfiro jilguero,
ver desfilar un hormiguero le embelesa;
su entusiasmo es la fuente que no cesa
y juega en el barro con afanes alfareros.
Modista, viste su muñeca de sombreritos y faldas,
con flores de correhuela, tulipanes, alhelíes y guirnaldas.
Y por mayo regala farolitos de amapola y panes malva.
No es Cupido, pero sí es diestro y muy arquero,
y el ángel de su estampa es quien lo expresa
cuando duerme, que es un alma de los cielos
nimbada de albor y fragancia de pureza.

Al glacial de corazón con beso tierno
le anula la razón de ser invierno
y el llanto de sus ojos caramelo
funde los aceros de los hielos.
Su mente creadora libre hila
gestas que su ingenio construye
y reinos que jamás vieron sus pupilas
crea en tierra y en la isla de una nube.
De un helecho hace el castillo
de un gigante que es hormiga
y caudillo que con séquito desfila
a la toma de un palacio de tomillo.
Escuchando un cuento en el regazo
de su madre se diluye dulce y tierno
imantado por la fuerza etérea de los lazos.
Es coro de alegría cual florido y tierno fresno,
que se torna un ángel cuando juega entre los brazos
de su padre y le convierte en paraíso los avernos
de la vida al abrazarlo fuerte con sus brazos.
Su aventura es como duna del desierto,
cambia al siroco inquieto de los días
y va cual delfín al mar abierto
de la vida en un torrente de alegría.
Poderoso embrión, piel de un corazón puro;
en su templo se prendió la llama de la inocencia
para que iluminara conciencias y mundos oscuros.
Tan divina es su imagen que del ángel fue formero
y su sonrisa es puro verso cuando vierte del alero
de su boca primavera sus floridos aguaceros.

Sus ternuras vencen los temples del acero.
Sin ser duras, como manantiales de agua
sus sonrisas cristalinas funden cualquier ego.
La infancia es el embrión del ingenio y los sueños;
es cual sol naciente que crece y se expande,
que orbita dentro de nuestro ser, donde habita
nuestro génesis más sincero, sin artificios extraños.
La infancia es el porvenir que nos viene del cielo
cual bando de almas zafir y diamantes que a la vida
extienden sus vuelos;
llevan la paz en el cristal de su ser y amor en la mirada.
No manchemos sus frentes ni les cortemos sus alas.
La infancia es la nueva tierra que Acuario nos regala.

13-6-2008

10. Y tú, ¿qué ves?

No hacemos favor a la ciencia, ni yo ni tú ni aquel,
cuando al no poder pesar, medir ni ver
negamos si es posible, si existe o si es.
Ni a la fe, quien sin razonar cree.
Y tú, ¿qué ves?
Cuando se entierra en los surcos
la generosa semilla,
¿ves campos de difuntos,
acaso, sembrados sin vida,
o ves la espelta en las espigas
que la va dorando un sol que brilla
y que a los vientos y a la siega mecidas
se entregan para hacerse pan tras la trilla?
¿Y en el piñón amortajado,
donde sutil se insinúa la muerte,
no descubres un coloso menhir enraizado
que despereza su ramaje en los montes?
¿Y en el vasto azul del cielo,
cuando errantes lo cruzan legiones,
no ves entre sus tormentas de gotas ciclones
de renacidos aguaceros cual almas en vapores
de las ninfas de los mares? Crisálidas de mariposas
son las fosas y los mármoles de los mares y glaciares
para darle gloria a Abba y vida a los veneros;

y en el grito más hondo del silencio en su reposo,
cuando el sol liberta de su sopor al oso,
¿no oyes correr cual infancia por los suelos
hacia los regazos del río los renacidos arroyuelos?
Veo entre mis sombras y las de mujeres y hombres
mil destellos celestiales de talentos y virtudes,
y en la infancia inocente una lumbre,
que es el embrión del futuro ángel.
Y toda alma libre de mente,
si en la busca es paciente,
halla la verdad que germina
en el fénix de la vida, que renace de la muerte.

11. Amanece

Amanece y el rosicler de un nuevo día
deja preludios de belleza con un alba de poesía.
El sol va elevándose cual loto de albura ígneo,
se extienden sus rayos por el horizonte
y la claridad diluye en el vasto azul celeste
el diamante fulgor que rutilan los astros,
cuando la luz comienza a nimbar las cumbres.
Entonces, desde nidos y tejados, prados y pinos,
en festiva algarabía vuelan a poblar el día
los bandos de aves sembrando trinos,
amanece y la vida toda se despierta.
Cada día, y más en mayo que en enero,
golondrinas y gorriones, alondras y jilgueros,
en jardines y alquerías y en campos tras aperos,
espigan alegres como libres jornaleros
y a los aires van cerniendo melodías.

Son cual coros alados de cometas,
de color y plumón; son exóticos floreros;
son bandos que navegan y no aquietan
sus alas por llenar los silencios de alegría,
cuando el alba, haciendo oficio y fiel al día,
deslía su luz cubriendo la noche con sus dedos.

La luz se extiende por el vasto mar del cielo
y las bandadas de aves, cual aladas goletas,
dibujan estelas y boreales sobre el azul asceta.
Lo más bello hasta que amanecen los luceros
para regalar su rutilar a la labor de Eros.

12. Si por ir a tu aire

Algunos te dicen «vaya ilusa y vaya loco»,
porque no te haces rebaño y te ven como un Quijote,
flotando sobre las aguas de la vida como la flor del loto.
Sigue tu senda, sé fiel a ti mismo y muestra tu quilate,
porque en este mundo abundan gigantes poderosos,
que con maña imponen su ego, su moda y su baile,
y lo imponen por la tele, por las ondas y las redes.
Y más si no usas la cabeza, si te haces o si eres
un adicto del *smartphone*, esclavo de las redes.
Ten mesura al comprar y a lo loco no te enredes,
que se agotan los recursos, el planeta ya no tiene
y, por ir al son de otros, no eres más de lo que eres.
No te hagas cual cometa arrastrado en vendaval
por seguir a los demás, porque ciego y loco, poco a poco,
con caprichos la vida te hipotecas en una feria de almacenes,
pagando con días de tu vida, y esos, sí que son tus ricos bienes.
No te ciegues y hazte consciente del ser autentico y único que eres,
di a tus huellas que te hablen, y dirán que tú no eres
clon de nadie;
aunque hoy de todos lados ya se luzcan tantos, ya son
incontables,
los que muestran cual mimos sus manías y se clonan cada día
en una *barbie* de barniz o en algún yupi de Wall Street.

Y, ay, por vivir en esa burbuja de apariencia y esnobista,
renunciamos al ser real y a la sed de ser que nos da vida,
y ufanos gastamos la vida en lo tonto y vano del pegote
de ir al son de otros sin dejar que nuestro ser real hable.
Al gusto de otros se hacen tantos castillos en el aire
que algunos, enredados en las redes, llaman *quijotes*
a quienes andan su senda y no por los egos de nadie.
Haz tus compras precisas y camina alegre contigo; a tu aire.

13. La alquimia del sudor

De entre las batallas y cenizas del ayer
renace nuestro ser en nuevo amanecer.
Decidí no empuñar jamás la espada;
hoy mis manos acarician la paleta,
su firme acero al batirse quiebra el hielo;
creadora y artesana, mi deseo le da alas.
Con la alquimia del sudor y fiel anhelo,
los yesos y morteros fundo en lava
y doy estelas de artificio a los cometas
cuando estrello mi paleta en puro duelo
al herir el pedernal con lo duro de su acero.
En crisol de luz hice de mi espada una paleta,
hoy camino de albañil entre hogares y calzadas,
y con más vivos fulgores que los del oro y de la plata
rutilan las estrellas que señalan la senda de mi meta.
Como de abejas son mis obreras labores;
como tantos, aprendiz del Creador soy,
y como aurora cuyo corazón dilata
al estampar sobre la mar sus boreales,
me dilato y me inspiro en los ancestrales
lienzos de corindones, travertinos y ágatas.

En alas de Acuario mi vida va enamorada,
va hacia los liliales diseños y las inspiraciones altas:
porque es el genuino filón que alimenta la honda veta,
que da oníricos alientos a mi vida y propósito a mi
alma.

14-11-2004. Escrito en casa de mi madre. Jumilla

14. La pena

No es el azar, sino la causa, la cadena
que nos encadena a esa ácida *geisha*,
que sin pudor nos aleja de las musas
dejando el alma suspirando en pena.
En silencio grita y, sin forzar apenas,
nos ahoga con un cabello la sonrisa.
Zahorí, ella busca y halla sin prisa
en lo hondo del ser la tierna vena.
Su sombra se ciñe como melena
cae lacia y asombra que helando risas
de fondo su acíbar brisa nos sea Galena.
Es como el acorde del cantar de una sirena,
que brisa en el tiempo vuela con eco que irisa
los ojos con perlas de llanto y sales de pena.
Como racimos que al trujal se entregan
a sangrar veneros que la tina devana,
lagar el lagrimal se hace en su pisa
de lágrimas presas que el dolor drena.
Errante dama que de conquistar se ufana
los reinados del llanto en el alma humana;
su ambición no cesa y en su ideal se afana
de reinar reinados que quedaran en nada,
más reinar reina cual zarina en la vida
con un cetro de espinas y ley soberana:

ella es el crisol de las almas elevadas;
en el ser nos deja la belleza lis de Elena,
la paz de Irene, lo marial de Artemisa
y el coraje cual emblema que nos iza
a creaciones de armonías y paisajes
de bellas emociones cuando se deshojan,
de su rosa los pétalos de pena marchitos
y muere su espina ahogada en un grito.
Hay ostras que hacen joyas de su pena
y almas que se rinden al dolor sumisas;
otras, estoicas, se elevan como las brisas
cerniendo sonrisas de su orquídea pena,
y hallan la perla que la adversidad lleva.

15. Filantropía creativa

Hay quienes de cuna lucen mantillas de blonda por su fortuna,
pero no hacen culto de ello, no esclavizan su alma al oro ni al ego,
saben que son bienes pasajeros y que, al morir, no irán con ellos.
Hay quienes nacen en casa cuna y con talentos y sudores
se elevan cual sirios sobre alcores creando fortunas.
Sus luces dan pan, y dan, a quien obligado ayuna;
y hay gentes que hacen de su dios y señor el dinero;
piensan que con ello pueden comprar la esencia de la vida;
sin los brillos y artificios del dinero piensan que no se es nada,
no valoran talentos ni sudores si no les rentan un río de dinero,
y amar tanto la plata nos puede cegar el alma y agigantar el ego.
Juzgar, yo no juzgo nada, ni el dinero ni la gloria ni la fama,
ni en su contra tengo ni tuve nada; son herramientas de la vida,
que, si bien o mal usadas, libres, a nuestro albedrío, aletean sus alas.
En bien: son dones de filantropía, trigo, en las eras de las manos.
En avidez, menas de poder, en yugos de avarientos y tiranos;
por sí mismas no son nada, bien claro nos muestra la historia
que de abundancias y sudores, de miserias, yerros y glorias
necesitamos las almas vivir experiencias para hacernos sabias.
La vida nos muestra sus liliales argumentos y sin retóricas
nos abre la mente y la conciencia con páginas de su ciencia,
y, si nos cuesta aprender, se hace la lección flor al renacer;
sea de rico o de pobre, de obrero o de rey, hombre o mujer.

La vida, a veces, nos fuerza a la labor y otras nos deja elegir,
pero si honestos trillamos con sudor el sendero de nuestra obra;
persigamos o no los brillos del dinero, de la fama y la gloria,
el ideal se hace un sendero y sin él, aun con plata, no se es nada.
¡Es la obra quien nos da la gloria que no puede dar el dinero
y, al trabajar con filantropía, ella, nos iza el alma a la gloria!
Digo que es buena la abundancia y bendición de quien la crea,
y que su renuncia crea un caudal de bien en las sublimes tareas;
son nuestras sombras las que nos ciegan y tiranas se enseñorean
al poner en primer lugar al oro, aunque el mundo del oro sea.
Goza de mil riquezas el alma, aunque por etéreas no se vean,
que a veces hay que renunciar al oro por hacer nobles tareas.
Rosalía de Castro, Beethoven, Marie Curie,
Jonás Salk, Hipatia, Tesla o Gaudí…
¿Acaso estas y estos, por no medrar en dinero, han fracasado?
¿O es tan inmensa la fortuna que crearon sus talentos y manos
que la plata es pobre a su lado y el oro pierde su brillo en el pago?
Hay corolas de bella estampa, pero sin olor, y jazmines en flor
que al temor no se espantan al entregar sus aromas de corazón;
estas almas hallan sus perlas donde otras no encuentran ganas,
siembran con su derecha sudores sin que su izquierda sepa nada
y guardan los talentos y abundancias que ganan, en el alma,
en el darma y en la vida que a la vida del prójimo regalan.

16. El árbol de los sueños

Una firme voluntad es el templo
de un alma gigante con el corazón niño
que se eleva del mundo hasta su cenit sirio.
Que derrama bellezas que se ciñen al viento,
que vence rutinas de sombras forjando cimientos
y despierto camina por la senda de un sueño.
A la pereza todo sueño se le hace extraño
y en tu alma es ya un lirio del recuerdo;
una flor de lis con pétalos de luz sedeños
con esencia para embriagar a un cuerdo.
Un céfiro alado se te acercará un día,
sabio de vida y viejo de engaños,
y ceñirá a tu ser la luz de sus años
envolviendo tu alma en su dulce melodía
cuando sabia se vista con las auras de otoño
y desnuda se vea como en enero el castaño.
Entonces, volverá mayo con su poesía
a llenarte el alma con la alegría
de su luz y los azahares sueños;
y dará un tierno laurel a tu vida
cómo le da una aurora de flor al fresno.

Este logro al viento, fruto de tu firme esfuerzo,
da rango a la cuna donde se engendró tu gracia,
te dio sus alas, libertó tus ideales y sanó tus algias
defendiendo tus nobles feudos, justo, fiel y risueño.
Hoy es ya un recuerdo, flores de nostalgia,
como azucenas que nacieron del empeño
de alcanzar el fruto del árbol de los sueños.

Mayo de 2006

17. Amapolas

Con la llama del adolescente Abril
y escandalosas como de jilgueros trinos,
encendidas en las fraguas del carmín
aparecen por sembrados y caminos.
Aunque visten de humilde rango,
grita su corola carmesí en la dehesa,
entre océanos de espigas lucen princesas:
sencillas campean las amapolas del campo.
De sedeño rubí su flor se engalana
y, sin querer atraer, te atraen la mirada,
y cautivan más que las flores perfumadas;
más que lo bello de la rosa, el iris y la cala,
y más que las corolas de estrellas y campanas.
En el leve suspiro que exhala al día la madrugada,
vuelan céfiros soñadores cual oníricos galanes arqueros,
que flechan las corolas rubí de las amapolas enamoradas,
y ellas, estremecidas como las aguas de aljibes someros,
se dan con frenesí al chapoteo de sus aires cantareros.
Se estremecen sus pétalos como postizas gitanas
y, como si de sus corolas heridas una fuente brotara,
brota de su cáliz de sangre un encanto que arroba
en orientes de fragua y aromas de abril amapola.

Por campos y veredas como farolitos de verbena
florecitas de amapola con sus pétalos campean
y escondida como pena en el iris de su mena
un blasón lleva de luto en lo rojo de su vena.
Una cruz de terciopelo que realza su ralea
nace de su cáliz y la desguazan las mareas.
En relieve llevan una cruz de terciopelo;
en fina greca negra, con festón de níveo hilo,
blasón que sella la cripta grácil del vientre y silo,
donde guardan ellas la semilla dormida con su sello.
Una cruz de amapola, hija del rigor campesino,
que inspiró a los vientos peregrinos y Quijotes
que dieron en la Mancha alas a los molinos,
y a la pluma de Cervantes, un flaco andante,
enamorado, soñador y loco, y, como pocos,
con el valor de amar y de enfrentar gigantes.

Escrito el 1 de mayo del 2017 en Jumilla

18. Albañiles

Como van los racimos unidos
al sarmiento y a la palma,
a la palma de su mano
el albañil lleva cogido
un trozo de templado acero
que cual arado forjó la fragua.
Como guerreros templan sus aceros
en las ascuas del sudor y de la escarcha,
ya son iniciados en la ciencia de la escuadra
y blanden sobre andamios el fulgor de sus paletas,
van a la conquista de talentos con el alma del artista
y hacen con las olas que liberan las hazañas de sus brazos
hogares, hospitales y palacios y lisuras en yesos de techos rasos;
en una danza donde brilla el acero de la llana y el palustre
y un lustre, curtido con años de canas y trazos de oficio.
Sobre andamios de nostalgia vibran entre sus labores
y entregados al viento se mecen como se mecen las almas
encendidas de luz, que fulgen al sol enluciendo arreboles.
Van cerniendo lluvias de sudores por mil besanas
de teja mora y plana donde luna y sol caminan
sobre aleros, arcos, torreones y ventanas
donde viven golondrinas artesanas
y cantan los jilgueros sus saetas
al son del tañer de las campanas

y alegres sueñan las gráciles veletas,
que cual niñas al viento como ruecas
en sus anillos gozosas se devanan;
iniciadas en la ciencia del saber
al ver como albañil y paleta
con yeso, ladrillo y placer
cantan al fijarlas en peanas.
Así, entre ideas, cantos y rigores
dan y ganan su pan haciendo hogares
y las luces que iluminan los hondos interiores
donde anida en embrión la virtud creadora y artesana.
Esta obra creativa y tan humana otros oficios la engalanan
con talentos que se ganan en el querer del sudor y de las ganas.
Son las forjas de fragüeros y las tallas de ebanistas y canteros.
Así crecen los talentos del artista, de sol a sol y de vida a vida.
Así, con plomada y paleta forjan sus conciencias gota a gota
y, piedra a piedra, mentes y manos artesanas,
desde las eras más lejanas, edifican los pilares de la tierra.

Para todos los trabajadores de la construcción y de todos los
oficios que la integran y la complementan

19. La fuente de la vida

Es la fuente que anega con su espíritu divino
las raíces infinitas del eterno árbol de la vida.
Es la causa que dio origen al río de la vida
ungiendo los universos de rocíos astralinos.
Castalia universal de amores cristalinos
cual palmera zafir en eterna cencellada;
arracimadas fluyen de su cúpula irisada
las chispas divinas que inician su camino.
Cual lunas que se anclan a un estanque,
en anillos se constelan, orbitan y se expanden
universos llenos de vida sobre su eterna morada.
Cual cisne alado, Urantia vuela con azulada estela;
orbita en su espiral luciendo kallistea, anclada a Jerusén;
y en sus espejos turquesa se miran Sirio, Vega y Rigel.

Septiembre de 2003

20. Viento

Leve coloso de veleta alegría
con alma errante y cuerpo atleta,
juglar cometa de la faz del día,
estela del verso y voz del poeta.
Rosetones en la arenisca labran los vientos
cuando pasan por cañones con silbo acento
devastando la tosca arista y afinando cantos
ante el sol maestro, que desde el firmamento
cierne su luz para que pula su obra el viento.
El viento alienta como la brisa del Galileo,
que sopla en arameo con su palabra ígnea
y, como un aire heleno de sudores nabateos,
talla frisos en Jordania y rosas en Judea.
El viento talla y por dentro nos moldea
la vida, con paso lento y un arte aqueo,
a pobres y ricos, a creyentes y ateos.
Sílfides monzones mecen campos cereales
y el alma de la tierra la horadan vendavales
con mil céfiros alisios que, cuales diáfanos dragones,
gráciles y alados, acarician con su frenesí la rocalla,
y ella feliz, calla, enamorada de sus estelas juglares.

Es un fino arte esculpido en el corazón de las rocas
que las brisas evocan cuando en su frenesí revocan
en las hoscas aristas con sus silbos trovadores,
modelando calares, sierras y cantiles
con labradas cornisas, frisos y capiteles…

21. El agua

Manantial de claridad que borbotea en racimos su sonrisa,
venero de cristal que exalta a la vida con sus blandas rimas,
con tanto anhelo desembocan sus azahares de perlas coralinas,
que de su frenesí nacen espumeros lagares que el sol irisa.
Sedeño manto de peregrina bruma
que sobre el viento alada sin alas vuela;
a la tierra muda su llanto de vida llena
y con escarcha cubre de belleza suma.
En glacial albor allá en las cimas
duerme su blando acero y en su sueño
sueña con ser arrullo en cristal venero,
que hacia su arroyo corre con rumor sereno,
soñando con ser la pluma de un mar de brumas,
que en cencellada el alba ciñe de angelicales galas.
Es un logrado poema del Eterno Poeta,
que entre la tierra y el cielo flota en el aire,
luciendo llantos zafiros y vapores azahares,
sumisa a los céfiros que acarician su veleta
y, al final, un arco triunfal en sus gotas.
Es una ola salada que escapándose va
a tallar los cantiles con rizos en cresta,
rompiendo en espumas sus rosas de sal
con turquesas de mar y arrojo de gesta.

Líquido elemento, de alma etérea y carne fría,
que precipita de sus nublos de tormenta la alegría,
cerniendo su ambrosía por dar vida al planeta.
Es un llanto celeste que llueve a la tierra,
que sudan los poros y ungen la vida,
sin boca ni verbo su eco no expira,
fluye en belleza del río de la vida,
canta al amor y hace cauce en la piedra.

22. Una lágrima

Surtidor de belleza, el lirio abre su corola al día
mientras Eos pena y con lágrimas rocía
su albura encendiéndola de alegría
y entre mis iris una lágrima pura,
crisol de amor y sal de amargura,
por tu alma nace y enjoya la mía
cual lucero que fulge y muere al día,
diluyendo su diamante arquitectura.

Cálices son mis ojos que elevan a altura,
perlas que nacen con emociones de gloria
y mueren lavando y ahogando amargura.
¡Oh, lágrima! Cual rosicler de la aurora,
naces, sonríes y lloras con tierna lozanía,
ungiendo con tu esplendor los anhelos del alma.

23. Haciendo palomitas

Conjunto de estrellas en plano universo
y el rosicler de una llama bajo el fondo.
Todos soles, se constelan en un verso,
escandaloso, que explota en lo redondo,
cual revuelo de jazmines crepitando,
o en un tango de llanto y embeleso,
que va dejando tostones en el fondo.

10-2008

24. Entre jardines de Alhambra

(Narrador)
Centinelas de sus torres en la Alhambra,
dos almas que imantó el pasado se encandilan;
una fue gran emir en Granada en su larga vida;
y la otra, un príncipe de la nobleza de Castilla.
Por sordas les gritan voces a las murallas
y en sus sordos, ciegos y mudos espejos
se reflejan los ecos en sus tapias.
Reflejos de luz son los ecos
de noble estirpe y con talla,
que luce una mujer sencilla
como la estrella y la alábega;
un alma grande de virtud alta,
cristiana sangre y mora casta.

(Emir)
Dicen que su ser lleva un amento
que cual rosa de los vientos
fulge ígnea en su corola.
Cautivo el sol de su alma
iluminó la faz de su cara
y en sus iris de malva clara
bordó un tisú que le robó al alba.

(Príncipe)

Cuentan las piedras ya ancianas
que adornan las verdes riberas y el lecho
del Genil zagal a las brisas de la mañana,
esta historia que es cual hiedra de hechos
que se enreda en sus piedras rodadas.
Cuentan que a las aguas claras
les pidió el favor de lavar su pecho
y en los limpios espejos de las aguas
y en las pulidas piedras de su lecho
de su imagen al sol quedó grabada
la belleza que hoy se hace un eco.
Entre el caolín de sus manos
vimos un corazón tajado
y abierto de tanto amar
que la imagen solo halla par
en la fruta abierta del granado.
El doliente en ella su alivio halla,
es estrella que al bien se inclina,
se humilla ante la ley divina
y corre a donde el dolor se halla,
gritando: «Calma tu dolor, mi flor,
que tus alivios son mi labor y mi batalla.
Las almas, corolas somos todas hermanas,
y aunque hay notas diferentes en tu olor y mi olor,
somos gotas semejantes de la fuente del Creador».

(Emir)
¡Por Al-lah, que su amor de vida estalla
y destella un más grande resplandor
ella al tender su mano hermana
que un blandir con furia al sol
en mil aceifas las espadas!
Valencia toda reza cristiana,
ganada para Castilla por tu Cid,
esta Alambra fue mora y Granada
fue la romanza del reinado nazarí;
que fue tan blanca de mezquitas
y tan bronceada de tarantas
en sus ecos lo canta el Albaicín,
fue como fue Lucena, romanza y pena,
que Sefarad tuvo del saber y el sentir sefardí;
un sentir alado que cantan los peregrinos vientos
como el lamento, que yo quisiera ya muerto en mí,
y que nació cuando perdí Granada, la rosa nazarí.

(Príncipe)
No podemos esculpir el viento ni detener los pasos del
tiempo,
ni comprar ni vender la fe, la razón o el sentimiento,
ni con el siclo, el oro, el alfanje o el maravedí.
La realidad desvanece este ensueño,
vi deshojada la rosa nazarí,
ayer Córdoba fue mi reino
y el tuyo, emir, lo fue Granada;

quimeras que a nuestros egos les halagaba
y cuánta sangre por esa causa derramada.
A bosques de almas que andan a ciegas,
un sol generoso se derrama en los cielos
vertiendo su oasis en palmeral de luz
y dora mares maduros de espigas
y al dar de su vida siega virtud.
Sedientos y ciegos mis ojos,
cegado lo mismo que tú,
al Caíd de la Vida
pido que aparte la viga
que ciegan mis ojos sin luz.
Somos presos de una ilusión ajada,
ya ves que solo el Padre es el señor y dueño
de esta azulada esfera entre mundos constelada;
como inquilinos pasamos y el resto son solo ensueños
cuando nuestros sueños no van en la justicia de su mano.
La gloria no usa la ira, tan devota de humillar al enemigo
cuando este, tras la derrota, sufre los rigores de la rendición;
hay más gloria en el alma al rendir el ego y dar perdón,
y más valor al iluminar sombras y al hacer camino.
Abba, que es amor, siempre ofrece vida y redención,
y la ira, envuelta en orgullo, envidia y oscura ambición,
del alma puede ser perdición, aunque de gloria en la vida.
Pues de qué sirve ganar el mundo y de qué ganar su gloria
si perdemos la acción y victoria de elevar el alma a la gloria.

(Emir)
Ya es morada de paz que hoy nos grita
esta Alhambra que ayer fue disputa;
hoy es un espejo jardín de los cielos
donde al fin en mi ser comprendí,
que en Abba se enjambra mi alma
gracias al rutilar de esa mujer alfaquí.
Castellano, el fulgor que ayer lució
en la Tizona de tu Cid,
en el alfanje de Almanzor
y en las nuestras hasta hoy,
que no han dejado de lucir
el carmín en sus hojas bajo el sol,

enterrémoslas en un oriente de ascuas
y que de su fuente carmín nazcan los lirios
cual sirios de abril y de la paz un tierno laurel
como el florido jazmín del vergel de la Alhambra,
y que rendidas al yunque y al fuego de la fragua
se vuelvan a forjar las espadas, dagas y lanzas
en rejas de arados y aperos de labranza,
como vuelven el sudor y la lágrima
a los reinos eternos del agua
y rieguen los ríos del alma
la paz que aquí hoy se forja.
Mi paraíso lo tuve en la tierra,
fueron estos jardines de Alhambra;
aquí me aislé de mis yerros y mis guerras,
en estos carmenes donde el jazmín se estambra
y el aire unge sus bucles con aromas de primavera,
aquí me embriagué de azahar en la paz de la azucena
y sentí bajo los naranjos el arrobo entre sus flores blancas,
y entre el zéjel de las fuentes, los arrayanes y las flores,
aquí de sus labios bebí el néctar de sus amores.
Sentía una efervescente alegría
cuando los pétalos de su boca
rozaban labios en la mía.
Imantado al suave lino del lecho,
fui un feliz cautivo y libre en sus feudos,
en el lilial oasis de su alma floreció la mía
mientras sembraba caricias y esbozaba versos
en aquella mujer fiel que tuve por compañera.

Aún guardo en mi recuerdo su ambrosía,
quedó su amor tan incrustado en mi alma
como la huella del pasado y su historia
queda fosilizada en el alma del ámbar.
Castaño su pelo, lacio caía entre sus hombros,
y sus verdes ojos eran ajimez de luz aceituna,
de pura miel su corazón era un venero
y su piel injerta entre rosa y azucena.
En los campanarios de su albo pecho
brotaba el amor y me sentía acogido,
hogar donde tras tantas luchas y abatido
encontré la paz que me negaban mis hechos.
La sentí mujer al amar de corazón sentido
y amamantar bajo el nenúfar de la luna
la vida, que yo feliz mecía en la cuna.
La brisa de su alma acarició mi alma,
que brotó en poesía cual oasis de palmas;
y su fina esencia elevó tanto mi conciencia
que me asomé a su mente y amé la ciencia;
hasta el canon de Ibn Sina, príncipe de los sabios,
encontró en su mente las fuentes de una aurora;
como una lámpara iluminó esta Alhambra
aquella alma blanca, que fue mujer y mora.

(Príncipe)

También yo tuve aquí noble zegrí,
mi Shangri-La y mi rosa de rubí,
y me vi en un ajimez de enamorados ojos
bebiendo los amores que fluían de sus labios
cual Jordán que les dio verdor a mis rastrojos,
y sentí latir la fe en las corolas de su campanario.
También fueron mis sueños estas tierras sureñas,
me enamoré de ese poder que tiene la gracia
andaluza para volver las penas zambra.
¡Con qué arte barren las sombras
y ayudan a desahogar el alma
esos requiebros de garganta,
esas palmas de alegría
y esos llantos de guitarra!
¡Ay, cómo anhelo
el dulce aguacero y el reposo
que se cierne a la sombra de la parra
cuando el sol está de la espiga más celoso
y flota sobre el olivar la coral de las cigarras!
Cuántas veces sobre estos mismos suelos
estos campos de ancestros olivos
me dieron su paz y sus sosiegos,
y cuántas se habrá dormido
mirando el azul bajo sus vuelos,
mi cuerpo mientras fuera de su nido
pajareaba mi alma entre la tierra y el cielo.

Jaén, sueño andar tus serranías y ver el revuelo
torcaz en tus almijares, junto a tus lagares y alquerías;
anhelo ver los álabes de azahar y sobre tus tapias de cal
oír los gallos cantar al encalar la luz el brocal del día,
como un preludio de la alegría entre labores y farra.
En Córdoba, esas noches de sentir y de juglar,
de palmeros y tacón, de guitarras y cantar
a la vida y la amistad en alegre charra,
donde solo chorreaba diluida cual rubí
la sangre de la vid, de los odres y las jarras.
Luce en un níveo revuelo de palomas,
un vendaval de ruiseñores
y en la Holanda de las flores
los cantares que fluyen de las nieves,
para ser acuarela de los campos y aromas,
que chorrean en cascadas de cal pura
por barrancas de Alpujarras,
cual fontana niña colibrí
que derrama su alhelí
en espumas soleares,
alegrías cual cristales,
manantiales y corduras.
¿Por qué acaso no son puras
ellas, como las de las altas cimas
blancas, que se visten con los encajes
y espumas de las nieves y la escarcha?

¡Que chorreen sus alburas las Alpujarras
sobre la besana abierta en los campos,
bajo la claridad de una cúpula zafir,
y se fundan al Toledo castellano
Granada y su belleza nazarí;
como dos ríos que abrazados
se funden en la paz del llano,
sin apreciar si ya esas aguas
fueron del Tajo o del Genil!
Gotas somos que al mar vamos
y Abbá fue quien nos derramo aquí,
para rodar y pulirnos en las olas de sus manos
y vencer con aljamas de ciencia los abismos
que enfrentamos para en la paz convivir.
Por ello, que los aljibes de las guitarras
den su anillo de unidad a los mortales;
tocadlas con alma, ingenio y maestría,
como en los cenit del arte lo hacen sus guías;
trenzando en un compás el latido de tres ramales,
alma, genio y arte, parte a parte, emoción y fantasía,
como lo hacían Miguel de Vega, Narciso y de Lucía.
Libar la alta poesía que se derrama de sus afinados metales.
Recitarla, bohemios juglares, vientos poetas de Andalucía,
para que nos inspiren los genios del arte el arte de la alegría;
parte a parte, luz y arte van ceñidos al sentir de los mortales,
que, si en cantar de fragua lloran los olivos de Andalucía,
sonríen los azahares del naranjo en recitales de alegría,

y que de esas cuerdas vibrantes sus notas universales
se ciernan como se ciernen de las manos arras,
y de los glaciares, aguas en zafiros manantiales
para todos, castellanos, judíos y árabes.

(Emir y príncipe)
Ya enraizó la hermandad entre nosotros;
vayamos alados como en la galopada de un potro
hasta aquella morada donde sirio brilla la luz violeta,
reino que no alcanzó en sus milenios el pico de ese Veleta.
Subamos a esa nube que asemeja a una goleta,
vayamos hacia el rosicler de aquellos bellos orientes
donde la luz, besana de paz, al hogar se hace puente,
y, desde su aurora naciente de Acuario y de bronce,
pongamos la voluntad al servicio de amor a la fuente
y ya, obreros de la luz, usemos la vida, talentos y mente
para sembrar paz y amor de universal horizonte
bajo el sol y sobre las vegas eternas del alma
en los labrantíos de mujeres y hombres.

25. A mi padre

Tu estrella la apagó un relámpago,
de madrugada a difunto cantó el gallo;
tu hilo de plata lo cortó con su sable un rayo
y la luz de junio de mañana nubló tus mayos.
El monumento de la vid en tu huerto es el testigo
de que he sembrado tu nobleza en las raíces de sus hilos,
por hallar tus alegrías en el llorar de los sarmientos
y las misturas de tu esencia diluida en los racimos.
Llama es mi querer que esperanza el reencuentro
con tu alma liberada y hoy ya alada entre los lirios
para ver las luces en tu ser que fulgen como sirios
y andar juntos de nuevo por la vida y en el tiempo.
Te siento en el reposo conquistarme el pensamiento
y pregunto en mi plegaria al fulgor de las estrellas,
soy un géiser que derramo sin mesura sentimiento
sobre el éter por si rompo el silencio que las sella.
¿Derrotó la hiel de la vida su aventura?
Y el rayo de una estrella en la rosa de los vientos
se hace eco que acaricia con sus pétalos de aliento
a mi alma, que rezuma el tedio de la duda.
Él es de esa casta de espíritus mayores
que alberga un ángel de ternura
en su pecho acrisolado de valores.

Encaró vida y muerte frente a frente
demostrando el valor de los leones,
digno es que Atenea lo pregone.
Con nostalgia paladeo en mi memoria
cual mosto carmín de noble savia monastrel,
tus lecciones de padre y tus racimos de querer
entre mis días se desgranan de tu historia.
Que luzca lilial tu espiga sembradora,
nimbada del dorado de los trigos
al trillar las estelas de la aurora.
Que tu ser se alhaje en los rocíos
y la paz haga su nido en tu pechera,
que tu nardo luzca eterna primavera
y seas tan feliz como el alma de los ríos.
Quisiera sentir que tu alma arrebolada
inspira y enhebra su hebra con la mía,
que en el árbol de la vida tuya y mía
es la savia que en el todo está injertada
y, aunque trillas, paladín, etérea morada,
tu eco jazmín llevo impreso en mis auroras,
como llevan de su padre el mar las caracolas
en sus torbellinos de nácar, presos los ecos de sus olas.

Junio de 2003

26. La voluntad

Los sueños van destilando anhelos
y desde la mente al corazón
bajan ungiendo el cuello,
como en la crin de un potro el rocío.
En una pulsión muscular,
la voluntad va comprimida
y, queriendo ser liberada, estalla
porque su oficio es crear.
Ella potencia los pasos
que el alma les da a sus giros
y, en la libertad que da un suspiro,
sus idilios escapan sin perjuicios ni lazos
condensando en sudores el fuego;
pues, aunque miles de veces oficios
se tornan cilicios, sus ideales son vida y anhelo,
Porque lozana o herida, ella, como Helios,
es genio y sol de voluntad para engrandecer la vida.

27. Alma viajera

Despierta y levanta, alma viajera,
haz tus labores y que perezas no venzan
tu afán en la era y, aunque los miedos puedan
acechar tu noche, no dejes que tu sueño muera.
Que no te convenzan otros de dejar tu senda,
de darle vida a la vida y tu labor como ofrenda
por seguir vanos pasos que son lazos y son cadenas,
que atan con egos y alhajas, y son torres de arena.
Tú eres un cisne de luz alado, un alma peregrina,
luminosa y prisionera en ese cuerpo que adornas.
Sí, un cisne alado, aunque la carne oculte tus formas
y te esté velado, recordar el pasado y ver tus huellas.
Por ello, haz tu labor y brilla cual estrella en lo alto
y, aunque te tienten llantos, rompe con sonrisa la pena
y haz de tus besanas estelas donde se ciernan cantos,
que el universo ve, siente y ayuda en toda noble faena.
Él da vigor a tus alas para alcanzar las altas cimas
cual colibrí de luz que se adentra en la Arcadia etérea
de sedeños reinos, cuando el loto de luz del alma abierta
su edén halla en la emoción sublime y río de belleza fluye
a la vida en un Parnaso de poemas y castalias rimas.

28. A mi madre

Madre,
cayó tu pétalo
a lo efímero del mundo;
yaces, en un sueño profundo,
inerte, como mordida de un crótalo.
Tu ausencia está hoy de cuerpo presente,
eres ya un loto de recuerdos incandescentes,
como reflejos de luna en los espejos de un lago.
Ya luces tu cuerpo sedeño de blanca luz tejido
y, cual aurora, tu silencio va dejando en vilo
una paz que acaricia mi corazón enlutado.
Como ave fénix, alada y dulcemente,
las lisuras de tu faz vienen a mi mente,
vienen a colgar en mí tu más vivo retrato
mientras tu cuerpo pide tierra y un anhelo
de tu alma lis ceñida en luz llama al cielo.
Aún llevo del cáliz tierno de la infancia
tu caricia en las besanas de mis días
y llevo la mixtura de tus rosas
en mi alma cual fragancia
y toda ella se me escancia
para el resto de mis días.

Siempre el candor de tu corola
tuvo por rival la flor de la canela
y tu ajimez de ojos enjoyó sin hora
con perlas derramadas, hijas de la pena,
tus mejillas encendidas de geranios y amapolas.
Poco lució tu pie el brillo del charol en los zapatos,
pero fue tu corazón hogar tan generoso de azucenas,
que lo dulce de tu trato rebosó de tu cariño en alacenas.
De amores fueron las mieles en los panales de tu hato
Y, si la vida obligó por años lo de ir fiado y lo barato
a tu sencillez de estrella, tu ser, vestida en bata,
resplandecía como el sol, sin alhajas ni boato.
Cuando el azote de la vida nos dolía,
te deshacías por secarnos el rocío
de los ojos, misionera sin ocios,
y, aun sin poder ya más tu ser,
hacías de una lágrima alegría.
Madre, abre tu corola al nuevo día,
nívea y torcaz alza el vuelo a tu morada,
que Dios llama a su reino a tu alma enamorada
y yo le doy gracias por tu amor cada uno de mis días.

12 de octubre de 2015, en Jumilla

29. Recuerdos

Esa canicie asemeja la melena de un tierno olivo
y bajo ella recuerdos, que entre silbos caídos
en la corriente del tiempo se van volando al olvido.
Recuerdos son hojas de otoño que caen, dejando vivo
el lugar donde sueñan otras el soñar que aún no ha nacido.
Somos hojas de otoño que velan recuerdos de amor vivo,
como anhelan azahar de amores en enero los olivos
en la esperanza del sueño que se espera ser vivido.
Empuja la caída de una hoja
a la aurora de una yema,
que en su nido sola incuba
flor y anhelos de otras nuevas.
Si es perenne, en todo tiempo
y, si es caduca, en primavera.

24-6-2008

30. El peregrino

Con sencillez, camina por la vida el peregrino,
en su imagen se estampa lo tanto vivido;
ello le da semejanza de un viejo olivo,
sabio, milenario y también herido.
Mayo, con azahar de primavera,
cernió su rutilar en las secas yemas
de sus ojos claros y cada día sonriendo
se hace reflejo del olivo y del almendro
con perlas en enero y yemas floreciendo
para darle primavera y frutos al invierno.
De paz va dejando una estela con su rastro
al andar por las calles de sombra fría
y como el nimbo de una luna clara
una tímida alegría emana de su rostro,
que iluminan las mejillas de su cara
reflejando una aurora de alegría:
a la sombra de Elyon busca cada día
las perlas del filón que llevamos en el alma.
Reflexivo, vierte al suelo con desmayo la mirada,
que divaga en los espejos que la lluvia va formando,
y la halla imantada a los ecos de la estampa reflejada
en sus pupilas, cuando fijas, en el agua están mirando
su figura, que se asemeja a un Cristo mendigando.

Sin delito, peregrina por el mundo tiritando,
lleva un dolor escarchado en lo profundo
de su alma que lo ajeno fue sembrando.
El anciano peregrino en las frías madrugadas
evocaba su patria, con nostalgia su alma se abría
y, mirando las moradas del firmamento, desahogaba
su ser en una plegaria cantada, que cual aria se oía,
y ascendía de sentimiento como fuertes llamaradas
desde las fraguas carmesí que en su pecho ardían
y, con la fe a flor de piel a Abba, así le decía:
«Fui cometa con estela rutilante un día,
pero este mundo dejó mi azucena ajada,
marchita, bajo los yermos de su noche fría,
más hallé mi luz en mil auroras sonrosadas.
Hoy tu paz me invita a sus retiros
y me imanta a tu belleza y sus paisajes,
tanto me hizo dar en mi caminar un giro;
tanto que, de la soledad que ayer yo huía,
hoy en ella encuentro tu poética armonía
y en su sola compañía mi espíritu se place.
Al crepúsculo y al alba
se inflama mi ser y se alza
hasta los lares de mares malva
a pisar el rosicler de sus praderas;
y allí, en el arrebol de sus algodones,
dejo reposar el niño que mi ser aún lleva,
y libre mi mente en la intuición se eleva
más alto que los etéreos vapores de las nubes,

cual golondrina, que un aire ascendente eleva
a escalar el porvenir de acuarios torreones.
Desde allí veo la Nueva Tierra, la tierra fértil,
almas índigos, iris y diamantes que de la luz llegan;
desde allí, qué honda se siente la caricia del viento celeste
al aventar los armónicos de las arpas, liras, cítaras y laudes
para que los céfiros los lleven al norte, al sur, al oeste, y al este;
son los ecos de Melquisedec, que ungen a la Jerusalén naciente.
¡Reinan allí el arte, la paz y el amor de oriente hasta occidente!
¡Qué luz!, ¡qué armónicos emanan de esa coral de corazones!
¡Atrás quedó el dolor! ¡No hay llagas ni zarpas de leones!
Himnos que hablan del príncipe de paz: «Oye, Israel,
el Señor, nuestro Dios, es amor; el Señor uno es.
Y Jesús, el enviado de Él sobre Babel.
Padre, el tiempo otoña mis abriles,
curte mi piel y nieva mis sienes,
y mi ser quiere y más quiere
vivir las armonías de tu Shalen.
Dame tus lluvias cernidas del cielo
y el tierno mayo de tu eterna primavera,
que ciña mi mente de tus jazmines azahares
y acaricie mi alma con espigas de tus azucenas.
Que crepiten en mi lecho los trinos de tus cantares
como los alados recitales de las alondras marineras,
que en los cristales de mis ojos se luzcan tus trigales
y los lirios, que son alma y luz en mis alacenas,
liberen sus aromas y los ciernan vendavales
sobre los labrantíos, que riego con pena.

Hoy siembro en yermos de hidalguía
y eras vanidosas de fértiles quimeras,
en un mundo de ambiciones poderosas
donde ni por caridad la compasión se fía.
Filón del mayúsculo ego, mena del desamor,
es tan vasto el orgullo y tan alta la ambición
que sobre el mundo enarbola su bandera
en grandes fastos de gloria a la sinrazón,
tan vastos que anclan el ser a una quimera.
La vanidad nos ciega, nos arruina las virtudes;
ignoramos que ellas son los deslumbrantes fanales
que blasonan la grandeza sobre el pecho de tus ángeles.
Ellas del alma son la abundancia y las mieles,
del cielo las huríes y del Olimpo los laureles,
y yo, como tantos otros, a ganarlas vine.
Como tantos y tantos, en la vida vivo;
como tantos, viendo esta sinrazón muero;
como tantos, atado estoy a este azote fiero
mientras el mundo vela alegre mi duelo.
Indiferente, clava en mi ser su acero
y, aunque no puedo evitar su castigo,
su herir aguanto aunque abrase mi costado
y hago de mi yugo crisol, gloria y dolor paralelos.
Pero victorioso alzaré sobre el mundo mi azucena,
la abonaré con el estiércol que producen sus quimeras
y, como alimenta el rosal sus rosas y derrama aromas,
fragancias derramará mi ser en vez de pena.

Padre, escucha la plegaria de mi duelo,
que no es queja de mi ego, sino pedir tu luz;
porque debo elegir entre sembrar y no vivir,
o vivir sin mi cruz dejando el alma morir.
Elijo que viva mi alma en mí,
no quiero cobardías de relicario.
Padre, fiel me abrazo a ti,
que, si la espina de amar es sufrir,
con valor en este mundo hasta morir
llevaré hasta mi Olimpo y Calvario
la cruz, que a diario se hace el sol de mi vivir.
Y, si al llegar la omega de mis días en la vida
Átropos se engalana de escarcha puntilla
y hunde su carámbano en mi arcilla,
entonces deja, fuente sin fin,
que los rocíos que enjoyan mis jazmines
se viertan en la alta copa de los tulipanes,
y en las alburas de los cerezos y de las lilas
deja que los poemas presos en mis cuartillas
los reciten los labios, las aves y los manantiales,
y que los céfiros avienten en sus brisas tus ideales,
que el fallecer de mi cuerpo es el ocaso de mis penas
y el alba que me eleva hasta el hogar de las auroras
para fundir a sus orientes el arrebol de mi amapola.

Escrito en 2004 en casa de mi madre, Jumilla

31. Para el ser humano

La abstinencia de mal es un difícil celibato.
La avidez y arrogancia con pasión lo dominan,
los egos lo ciegan con su densa neblina
y asombra el culto que da a un retrato.
Con pulida elegancia, modestia y recato,
paladín se debate entre la verdad y la mentira,
toma por virtud el boato y ama en libertad la vida.
No es ni blanco Carrara ni negro Marquina;
es veteado entre grises y blancos, cual Arabescato.
Sus flores tienen pétalos Caín y pétalos Abel,
pero, si en la luz del amor su ser se ilumina,
se eleva y camina sobre los escombros de Babel;
y sin llegar a Carrara, alcanza a ser Macael,
dejando ver en su aura bellas boreales travertinas,
que son las auroras angélicas que alborean en su ser.

32. Amarilis

Géiser de savia, suspiro de Gea,
que al aire eleva su obelisco de flama ígnea
con crucería y nervadura, que al capricho de Atenea
crea un corimbo de estrellas que en su tallo se arquea.
De la sangre de Adonis nacen las amarilis,
sus cálices son tejidos con estambres de ónices sedas
y en sus corolas campanas diluidas llevan
la acuarela que en su crisol vertió Iris.
Obelisco de alhajas al gusto de Atenea,
con cuatro corolas lozanas de amor,
cual antorcha de sabia en tallo de anea,
que arquea nervaduras de belleza en la flor.
Campanario de flores que tañen señeras,
preludios y otoños de efímera primavera.
Sus corolas de cera son anclas, son teas
de color y belleza que a los vientos flamean.
Cálices que en la tierra nacen y quedan,
que buscando los cielos ceden su olor,
hasta que el cristal de una hebra
acuariana enhebrada en el sol
vuelva a tejer el sedeño coral de su flor
y sus corolas de cera y olor, luzcan en el patio de Hera.

33. Olivos y aceitunas

Sus raíces son quienes dicen que Armenia le dio la cuna;
es cual menhir de perenne friso, con estampa de paraíso,
que por mayo luce de azahares que le entregó la luna.
El fresno lleva su sangre, sus genes llevan las lilas
y las alhajas de su invierno para junio ven la vida.
Su linaje es de acebuche, fruto en perlas de aceitunas,
son las ostras costureras de su traje por darle a su linaje
la belleza más salvaje que naciera de la luz y de la espuma.
Quiere el jinete del hambre cortar su tronco y matar su cuna,
pero él es de alma tan grande que por los barrancos le sale
para darle en pago a sus miserias aceitunas de castigo,
y la miel de sus troncos, tan dulce como los higos.
Leche se hacen sus hojas, pastos como dehesa,
y en las claras de sus plantíos amapolas fresa
pasean sus pañoletas por las veredas de cereal,
enamorando el candeal espigado de los trigos.
Aguaceros de sudor, la mujer y el hombre
le ofrecen en las recolecciones y aseos,
y esos salobres rocíos hechos de lumbre
que sediento bebe el sol con avaricia y deseo
deja en la piel lienzos ígneos en rosas de sal,
como evaporitas en la piel del mar.

Quiso el jardinero que luciera su vuelo
como un aljibe de azahar que mece el viento
sobre un menhir vegetal labrado en el tiempo
y que en su alavés se reflejara el amor del cielo,
cenicientos de savias y milenarios de cimientos.
Quiso que sus frutos fueran perlas de aceituna
y que su raíz la plantara la mano de Atenea,
como bien quiso que alada y bonita fuese la paloma
y que Cervantes diera vida y amante a Dulcinea.
Dios, escribió sobre los campos olivares de poemas
en hojas de alabeado jardín y con manos jornaleras
Por mayo, sus frutos son azahares, promesas de aceitunas,
floridos collares de alabastro, fanales de luz mediterránea,
que alborean su claridad por las veredas de espuma,
cual flamantes estelas de color marfil, ígneas.
Adolescentes son ramilletes, que en los tallos otean
el paisaje verdal que decora su oval redondez.
Maduras son como negros ojos que miran la luna,
con el luto encendido por la pasión de un querer.
Negras como el color misterio de la noche,
llevan sus broches brillos de estrella en la piel.
Madrugadas de escarcha, jornales de sudor,
sol y amor dan a los frutos esos brillos de charol;
desde la promesa del azahar, la tierra teje su color,
y en la impronta de su azahar luce un único deseo,
el de dar cuajado en aceitunas su amor el olivar
y pisar las almazaras, cual saunas y liceos,
gozosas a sudar su sombra de alpechín,

y con la fe de los mártires que van
hacia un Gólgota pedernal,
por la senda de un sinfín
bajo los rulos ven su fin
en un sacrificio de dolor.
Los rulos las molturan sin pudor
y a su redondez le dan rotundo fin,
al son del martinete fraguan su dolor
hasta que, entre los sudarios de un cofín,
lloren el llanto dorado que le destilaron al sol.
Tinajas de condensada luz en sangre de acebuche
para darle lustre y vida a la vida y su lozanía a la piel.
Este cáliz de delicias es cuál fina ambrosia al paladar,
ya sea arbequina, hojiblanca, manzanilla, cuquillo o picual.
Es una panacea culinaria en las alacenas de un *gourmet*.

34. Pobres

Con qué laxitud los humanos cedemos a sembrar espinas;
con honor nos licenciamos en saraos de salones y esquinas,
y con una lengua larga y felina, que quiere herir y humilla,
fino y sutil el mal nos encamina a doblar ante él la rodilla.
Como saetas se lanzan penas
a las vidas ajenas en bandadas,
que hay que injertar de azucenas
dejando esas intenciones truncadas,
e ir trenzando de laurel diademas
sobre la hiel de esas cadenas.
Ser martillo de las gentes
es oficio de intenciones malas,
donde tantos hallan afición y deleite
en el vicio de querer ser elite, cortando alas
y quitando pieles con calumnias humillantes,
que son la pulsión interna de una malicia delirante.
Pero no te rindas, sigue tu camino andante,
reposa en la paz tu mente y sosiega el alma,
que la hiel que mandan con miel se espanta
y, como llama ardiente al soplo de un levante,
elévate y en los bajones, cuando de ti esperen llantos,
escríbeles clavellinas de poesía con pluma de amaranto.

Pobres; hay calumnias cuyo hedor, de lejos ya huele,
herir quieren y, aunque a veces al herirnos duelen,
en tu fondo de esas malas lenguas ríe,
pues en sus miradas fatales se ve
y en sus intenciones letales se lee
que la ignorancia interior es la clave.
No saben que en el universo el amor es ley
y en los paraísos internos de sus armonías la llave.
Pobres, no saben que, si no lo merece, el pajarillo escapa,
pero la intención mala. Como el hijo pródigo: «Vuelve a casa».

35. Ese viejo almendro

Antes que rompan en llanto los sarmientos,
níveo aparece en su Olimpo otero
cual sol del llano cuando de mayo enero
de alburas viste a ese viejo almendro.
Amygdalus, cúpula de un meandro
con realces de liquen, donde Cloris y Eros
vierten luz, amor y celo, y él, velero,
despliega arte y vela en yermos campos.
Vertiente de sabia en flor, que trenza
lo inefable con lo efímero y hermoso
fecundando sus corolas en almendras
y brotes que renuevan la alianza
de saciar a desmayados y golosos
corazones con un Jertes de esperanza.

36. Lirios

Fuente de verdor que se eleva de los suelos
con sus caños en cimbreante primavera,
cuando al azul su mástil más lo eleva,
más despliega sus corolas cual velero.
Solo halla el candor de tal finura
su par en el terciopelo de las calas
y azucenas que soltando van sus alas
al viento en una virginal arquitectura.
Polvo y agua sustentan sus figuras,
son tan bellas que el rocío las maquilla;
el agua intuye que esa gracia se procura
al lucirse sus corolas tersas y sencillas.
¿Quién hila esas alburas de la luna?
¿Quién costura los floretes de las calas?
¿Qué ángel pone tanta alma en sus corolas?
¿Quién andamia tan alta belleza sobre suelos
que, al abrir sus cálices, liberan en aromas una oda
que a los vientos enamora y recogen en pañuelos?
¿Fue Él, quizás, por darnos un consuelo
de hermosura, que le dio turquesas a la mar;
lotos, azules y celestes a los cielos;
frutos a la tierra, y ágatas al fuego?
¡Polvo y agua, belleza que el sol arruga,
pasto de la oruga, que efímero tiempo brilla;
pues eterna y lilial es el alma, jamás la arcilla!

Por ello a un lirio bello le puso un alma bella,
con la tersa piel de cera que asemeja ser hurí.
Él, la belleza de una cala le dio a Eva,
y su piel la hizo cárcel de un poema
como al fuego lo hizo preso en un rubí;
fuego y fruto de la vida puso en ella,
y a su imagen dio la forma en flor de lis.
Por ello en toda fémina hay anhelo;
sí lo tiene, o lo halla, luce y calla;
y, si no, como alhaja se procura
la lisura tersa de las calas
maquilladas de luces y rocíos,
y de corona las cascadas de su pelo.
Si Dios la belleza de la cala le dio a Eva,
por justo, la belleza de un lirio le dio a Adán:
galana y galán, de su fuente dos gotas sublimes;
dos conciencias gemelas en paralelo caminar.
De los jacintos las fragancias se evaporan
como suspiros que de los pétalos deslía
Helios para ofrecerlos a su Aurora.
Nenúfar de luz, corola del día;
cálices de tulipán que el día coloran
y flores de azafrán que vierten sus olas
de luz sobre las sombras con lilial osadía.
No muere, renace su alondra alegría
cual tulipán rosicler que irisa una estola
de esperanza azucena, que a toda alma estela;
por ello un loto de luz cada día luce fiel en la Aurora.

14-8-2000, en casa de mi madre

91

37. Olivo milenario con panales en su tronco

Fui modelado por la fuente del sublime pensamiento,
que a mis vuelos les dio alabes, del arte y la gracia andalusí;
Él vertió su vena y sentimiento en el corazón de mi aljibe zahorí
y, al dar vida a mi raíz, brotó un géiser de azahar de mis cimientos.
Soy un claustro corazón con panales de alimento y una leña piel,
donde las abejas guardan en celdas de cera, jalea, polen y miel,
y, aunque vivo preso de un silencio milenario, grito cual menhir:
«Mi amor ígneo es como el ascua que fulge en el alma del rubí,
y mis alabes de perlas, que la luna sueña de collares por lucir,
a la vida los entrego feliz; mis frutos, mis luces y mis lutos,
cual aguacero de ambrosías que cerniera lo absoluto
por los caños de mis ramas, como lágrimas de Getsemaní».

38. Siento su guía

Siempre a lo alto, a Abba-Padre, pido y le doy gracias,
y más cuando la hiel me agota y de alegría ayuno
y me ciñe esa hiedra cual soledad de astro,
que alguna vez se hace piel en cada uno.
Entonces siento orbitar sus rastros;
rutila cual sendero de estrellas
en mis noches sus armonías.
Son sus huellas, Él lo envía
para que, en ellas, pose yo las mías.
Se acerca sutil y me da su abrazo de energía
en un fluir donde su mente se funde con la mía
y libera y deslía mi dédalo mental de ideas
entre aromas de luz y telepáticas esquelas,
que diluyen la hiel glacial de mi elegía.
De armonía son las notas que vierte entre mis manos
y de amor es la estela que me deja con su rastro
cuando la vida me hace de cristal Murano.
Entonces, sin oír el ángel de sus pasos,
siento su presencia entre mis actos,
siento el roce etéreo de su tacto
y veo aparecer de entre las brumas,
mi senda desnuda, que riela en alabastro.
Siempre a la fuente, a Ab-bá, pido y le doy gracias.

22 de agosto de 2008

93

39. El templo de la creación

Tiene vegas, sierras, desiertos y mares
y una paz que amuralla y envuelve sus lares.
Tiene fuentes su templo, reposo, sonido y silencio;
luce vivos colores y huele a sándalo, a flores e incienso;
tiene corales de vida inmensos que rezan en sus imperios
y sus aires llevan la emoción del agua y el aliento de la vida.
Juglares, los céfiros te acarician el alma con sus dulces rimas
y recitan los silfos salmos y proverbios que en las nubes flotan
y brotan de puras aguas cantarinas, trovadoras ondinas,
con las verdades más cristalinas desde las eras más remotas.
Sus torres son Himalayas cimas que los monzones azotan
y andinas cumbres que, con finas agujas de arista alpina,
se elevan en llamaradas de una lumbre abisal y tan ignota
como la mano que talló Santorini y fraguó los Apeninos.
Sus pilares son cedros y robles, palmeras, cipreses y encinas,
y sus pétreos muros lucen mármoles de Carrara y travertinos.
En sus suelos relucen turquesas, los cubren prados y montes,
cambiantes al sol que niquela al andar su anillo horizonte.
Su techo lo cubre un azul, que en su luz esconde diamantes,
y con nublos de rayos errantes lo pincela la mano del aire.
Embriaga la flor de lavanda, y las blandas olas salinas
te elevan como un cometa hasta un océano de ágatas,
donde libre el ser como una más de sus cornalinas
se libera ante estos ecos, que a la mente se atan.

En el templo de la creación el boato es barato,
el Padre lo viste de día, con un sol de luz que ilumina,
y en la noche con diamantes estrellas y una luna plata;
en él, todo es armonía, noche y día, exuberancia y recato.
Si entras en los templos naturales, encontrarás tu esencia;
en él se alimentará tu ser con los frutos que puso lo alto:
ambrosías de belleza, amor y poesía, creatividad y ciencia;
y descubrirás su ley, está escrita en la vida y en tu
conciencia.

40. La naturaleza nos habla

Soy
la vida,
el gran enigma
de belleza que asombra,
el rocío ruiseñor de las frondas,
morada en el tiempo y cristal de los ríos.
Soy un volcán creativo, el rayo, el niño y la ola,
el céfiro que bate sus alas en poemas y auroras,
y acaricia las arpas del cañaveral y la mies.
Soy el agua cantora y el sol que enamora
las gotas de irires arcos flechadas por él.
Cielos reflejan mis mares, soy voz de verdades
y virginal paraíso del tenue suspiro de la luz al nacer.
Soy reflejo de la mente divina, obra de su mano escultora;
soy madre y mentora, y la ley que son mis pilares
no tiene males ni iras, ni temores al Hades;
son pilares de vida por amor al querer
dar al hombre mi ciencia en alabes
de tierno laurel y tajar de su alma la grave
inconsciencia, que atenta contra mi vida dañándose él.
Por encima de los egos, en mis reinos rige ley y no dudéis,
Que, por veces que cenizas tuve, renací fénix, como del mar la nube,
y mi estela de azulado cisne orbita por la senda que mi sol le ciñe.

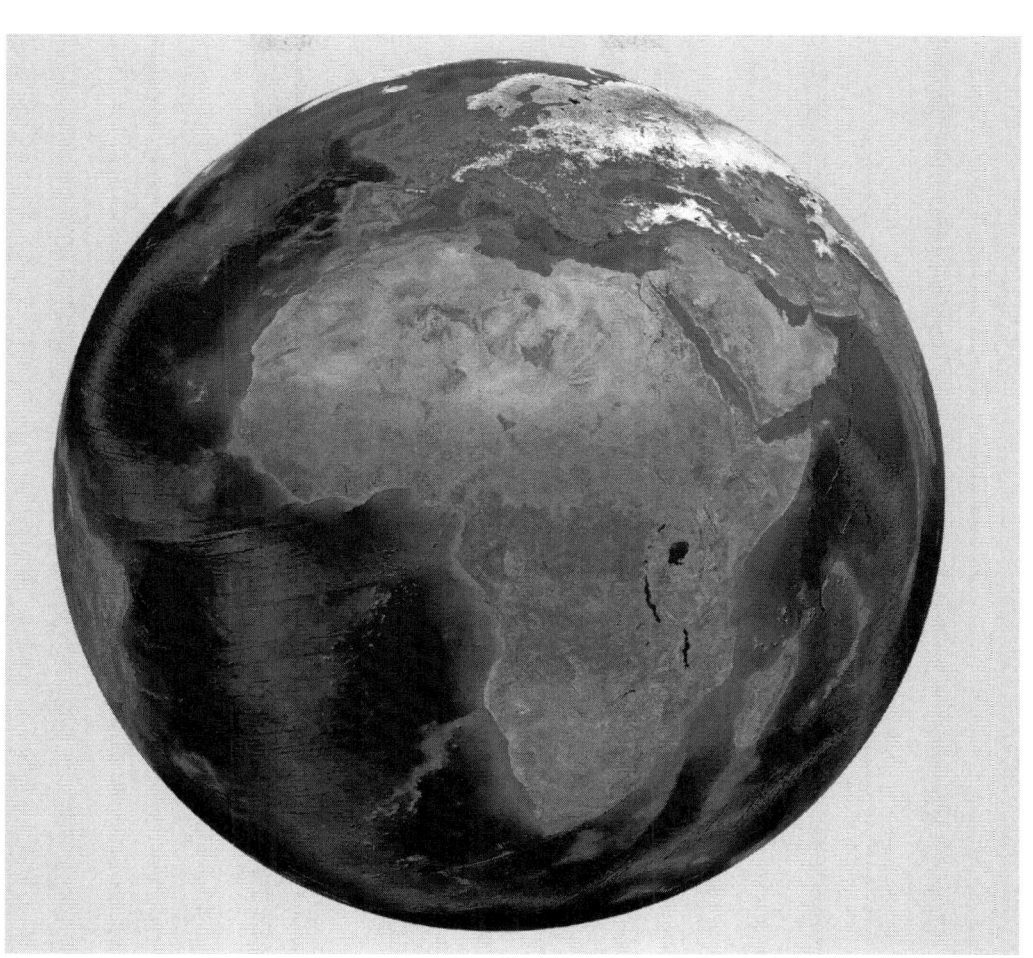

41. La madre tierra nos habla

Soy la madre que gesta los embriones de la vida,
la vieja alquimista que transmuta las sustancias minerales
y disfruta con las piedras filosofales del fuego, el agua y el aire,
vistiendo las semillas en mis fraguas de vida con metales y arcilla.
Soy el orfebre que talla el diamante de vuestras almas inmortales
y la voz que no calla el saber del agua y las cosas terrenales.
Hoy mi voz es catarata de llanto, horizonte de hastío,
al ver como apaga el verdor de mi manto esa llama de frío.
Mueren mis drinfas, mis selvas y ríos, y de las ramas los cantos,
alados de espanto, huyen de aires baldíos, de estepas y campos.
Mi piel, que es el vergel de Flora, hoy va a desierto baldío
y en lo hondo de mi alma, donde no hay calor ni frío
y mi paz funde silencios con los ecos de los ríos,
mis entrañas malheridas se resienten
por tantos megatones de ignorancia
que se vierten de la mente de los hombres
cuando el ego hierve, en la avidez y el poderío.
Cuidad mi piel y regocijaos en el cantar de los jilgueros;
su vibración voló de las esferas para daros la alegría de los cielos.

42. El agua nos habla

Soy
la gota
del celeste rocío
que Ab-bá derrama
en su obra cual cernidos ríos;
que a ley y albedrío en tronar explota,
anega besanas, unge la vida y en la mar brama.
Líquida soy estambre, savia y sangre, y en invierno copo.
Soy cisne de ala turquesa, con cuello de espuma al viento loco
y de la flor el néctar, del oasis que gesta el loto que viste el alma.
El fuego teme que mi llanto apague el rubí de su llama;
tanto lo amo
que febril me elevo entre vapores y de hielo en sus amores me
deshago.
Él cierne sus ágatas sobre mis turquesas, cubren sus orientes
mis espumas
y, como estelas de luna, el rosicler de un idilio flota
esmaltando mis aguas.
Belleza que arroba, que rompen mis olas y roban sus rosas
peregrinos los aires,
para darles a mis sedas el opaco reflejo del cielo en espejos de
efímera bruma.
Tanta belleza induce al rayo a lucir sobre el éter su trazo de
artista apasionado

y de posidonias mis prados, un Serengueti marino le
parecen de encanto,
vive enamorado del cristal azul de mis océanos y posa
en cada uno
su beso con los labios de un sol padre y hermano de
otros soles,
que vieron a las ondinas de mis mares izarse en espirales
para defender los reinos cristalinos de Neptuno
y, como si fueran el azote de los hunos,
mis gotas se hicieron látigos
en tsunamis y tifones.

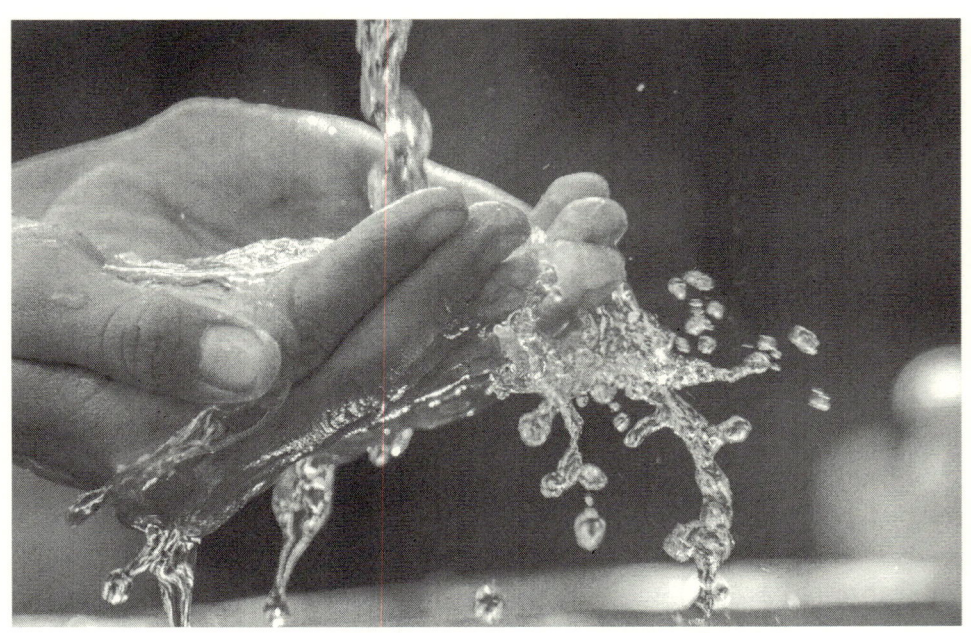

43. El aire nos habla

Soy
hálito
de vida;
el movimiento,
la inspiración y el vuelo;
un alado suspiro, impetuoso soplo,
fragante pañuelo, caricia del temblón chopo.
Avezado impulso de indómito deseo y abstracto rostro.
Melódica brisa que los silfos errantes susurran a los astros,
que surcan viajeros los mares del éter en los espacios sin cotos.
De la boca de un ángel dicen que broto, libre, cual libre potro;
libre, como la mente y el pensamiento de la rosa de los vientos.
Soy un ancestro camino y un loco, quijote por vencer molinos.
Un virtuoso de las liras que penden en los alabes del sauce
y de las flautas que suenan por cuchillos de ventanas
y tornados, cual tubas gigantes y erizadas
a las que doy mis erices y alas
en tormentas aladas
de sedeño plumón.
Soy brisa y vendaval,
Siroco, Alisio y Monzón;
un titán que mueve tierra, fuego y mar,
cual Pegaso ciclón, en la espiral de un caracol.

44. El fuego nos habla

Soy
la viva llama
de luz y calor que escapa
en boreales de indómitas ágatas
de las ascuas rubí en que ardo cautiva.
Mis llamas son fraguas de volcanes,
mis orientes son brillos de crisoles.
Soy el fuego que hace hogar en la vida
y en mis flamas viven, salamandras y soles.
Pero, si alienta una mano que tienta de ira,
enluto la belleza, los hogares y encinas con yermos
vacíos de tizón y cenizas, hasta el renacer de la vida;
y, aunque el agua me apague y me rinda en su tormenta,
humeo y pido que me prendan mis leales Vesta y Prometeo
en los hogares y en los templos y en los mástiles san Telmo.
Soy la llama que arde en el hogar de las almas,
el vencedor ancestro de los tahúres y tiranos
que hunden un puñal de carámbano
en tantos corazones abrasados
y encendidos de amores.

Yo derrito las almas
hasta que su llama arda
como el más bello rosicler
de luz en las boreales del aura.
Soy la llama viva del amor eterna;
en ti vivo, dormida a veces, análoga al Etna.

45. El céfiro y la hoja

(Narrador)
Octubre, artista, decora encanto sobre los arces,
pintando va de caoba las verdes hojas con su acuarela
y asida a una vieja rama tatuada en liquen volar espera
una hoja de ocre otoño, que sueña amores de primavera.
Un céfiro llega y se enamora, y Cupido, a gusto y hora,
en cien majas trenza una pleita alhaja, que de amor estera.
Le silba vendavales de caricias y el beso que en sus brisas lleva,
miel de su boca, con sus labios ocre lo toma ella de su loca estela.
La hoja en su rama con su brisa sueña y, al sentirla, le dice ella:
«Enamorada de tus brisas vivo, corta con los filos de tu aire
mi tallo o hazle una senda al rayo y que lo corte con su sable,
que en el mástil de tu amor quiero desplegar toda mi vela,
que sentir quiero las sedas de tus brazos que me elevan,
y viven en amor danzas de caracolas, céfiro y cometa
hasta que otoñada por el sol en amor muere Julieta.
Susurrando, céfiro la llama, pero su amor expira;
él le suplica abatido: «Mi mariposa, mi amor, respira,
no me dejes sin tu aliento, que mi viento en ti suspira».
En la brisa sedeña de sus brazos, ella deja el espacio;
él besa su frente, la baja despacio y la posa en el suelo,
donde con amor mira a la que fue la más bella veleta,
y un desgarro rompe su ser en un llanto de duelo;
a ella se abraza, la ciñe a su pecho y con pena grita.

(Céfiro)
Ya no danzará en mis aires el ala grácil de tu cometa,
un viento solar se lleva a su mar el aura de nuestro amor
para que nuestros arreboles coloreen de vida sus boreales.

(Narrador)
Céfiro entra en el huerto y bajo el techo de la vieja higuera
deja la hoja de colores otoñales sobre un surco de acuarelas;
derramado a su amada vela y ruega a la madre tierra
que acoja a la hoja yerta en la cripta en el surco abierta.
Céfiro, solo y a su amor anclado, quieto con esperanza espera
a que sus penas en invierno mueran y renazca la primavera,
por ver si en el milagro de la vida renacieran de los lutos,
como el fénix, los tiernos tallos con hojas de amor y frutos.
En la espera escapan de su ser tres hondos suspiros,
tres alados «te quiero», que en un susurro febril y leve
flotan en el éter de ese instante tan eterno y breve,
cual íntimos versos, que viven más allá del olvido
y brotan desde el crisol de los más bellos sentimientos;
son los que cantados se hacen himnos al viento, saetas,
rimas y plegarias; esos que cual aria el alma con fe recita
aunque no se sea ni virtuoso del canto ni devoto ni poeta.
Y el padre, viento del norte, acude a darle su aire de esperanza
y la rosa, madre de los vientos, vuela a enjugar sus lágrimas.

(El padre, viento del norte)
¿Qué te ocurre, hijo de mis brisas?

(La madre, rosa de los vientos)
¿Por qué susurras gimiendo, aire de mis entrañas?

(Céfiro)
Cupido me incendió en su fuego y hoy mi ser es una hoguera;
de amor me prendí en sus llamas y hoy, que muerta es ella,
sin sol quedan mi día y mi noche sin el fulgor de su estrella;
mi corazón se unge en la pena con este carámbano de hielo,
hielo que el alma me hiela, y en esta hiel vivir no puedo.

(La madre, rosa de los vientos)
Levántate, hijo del viento, que nadie en la muerte muere;
por noble el amor no muere ni cede a la hiel de esa guadaña,
la muerte sirve a la vida como la noche del día es su antesala.
¿Ves aquella yema de almendro cuya flor incuba en la rama?
Pronto se hará desplegada su corola un balandro en la besana
y tú verás renacer tu hoja en los brotes tiernos de una rama.
Puede que sea de arce la hoja, de higuera o quizás de parra;
vestirá un nuevo cuerpo y puede que parecida sea su cara;
pero será su mismo ser y su misma esencia de alma.

(El padre, viento del norte)
Céfiro, guarda tu paz, como yo guardo mi calma
en el ojo de mis huracanes, y no debilites tu alma
devanándote en ese llanto de ráfagas y vendavales.
Elévate en un tornado y avienta penas en tus espirales.
Vuela y sé feliz sin fronteras, como jamás lo fue nadie,
que eres espíritu de mi espíritu y del corazón de tu madre.

Vuela, riza la mar y desafía la escandalosa de los veleros,
vive y da aliento a los sembradores y alegría a los molineros,
que el amor vendrá a tu huerto y jazmín se hará en tus tapias,
encalando de candor las sombras grises que hoy te abrazan.
Vive, que volverás a embriagarte con su luz de amor lozana
cuando tu hoja renazca y luzca su primavera en la rama.